curiosidad por

LOS TIBURONES MAKO

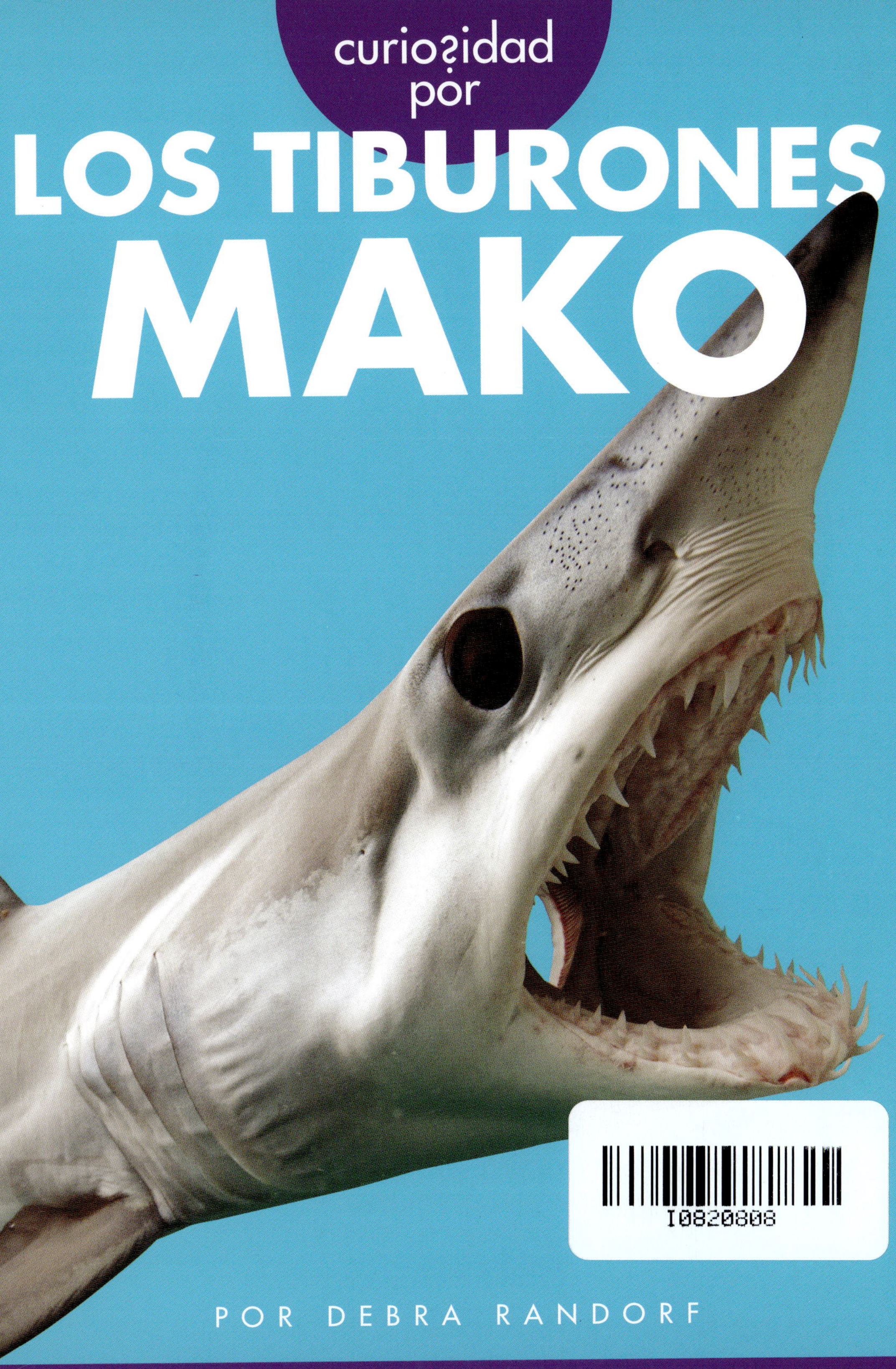

POR DEBRA RANDORF

AMICUS LEARNING

¿Qué te causa

curiosidad?

Curious About está publicado por
Amicus Learning, un sello de Amicus.
P.O. Box 227
Mankato, MN 56002
www.amicuspublishing.us

Editora: Ana Brauer
Diseñadora de la serie: Kathleen Petelinsek
Diseñadora del libro e investigadora fotográfica: Sara Hood

Library of Congress Cataloging-in-Publication Data
Names: Randorf, Debra, author.
Title: Curiosidad por los tiburones mako / by Debra Randorf.
Other titles: Curious about mako sharks. Spanish
Description: Mankato, MN : Amicus Learning, an imprint of Amicus, [2026] | Series: Curiosidad por los tiburones | Includes index. | Audience: Ages 6–9 | Audience: Grades 2–3 | Summary: "How fast are mako sharks? Learn about this extraordinary ocean animal in this Spanish question-and-answer book for elementary-aged readers. Translated into North American Spanish. Includes infographics, table of contents, glossary, and index"—Provided by publisher.
Identifiers: LCCN 2024052111 (print) | LCCN 2024052112 (ebook) | ISBN 9798892006866 (library binding) | ISBN 9798892007467 (paperback) | ISBN 9798892008068 (ebook)
Subjects: LCSH: Mako sharks—Juvenile literature.
Classification: LCC QL638.95.L3 R36318 2026 (print) | LCC QL638.95.L3 (ebook) | DDC 597.3/3—dc23/eng/20241223

Créditos fotográficos: Alamy Stock Photo/KELVIN AITKEN / VWPICS, 15, Mark Conlin, 18–19, Masa Ushioda, 11; Blue Planet Archive/Andy Murch, 12–13, Rodrigo Friscione, 8 (bottom); Getty Images/Julian Gunther, 20–21, Mark Chivers, 14, Richard Robinson, 8 (top), Ronald C. Modra, 2, 7; Shutterstock/Jessica Heim, cover, 1, Martin Prochazkacz, 2, 5, Xavier ELIAS Photography, 3, 16–17; The Noun Project/Arthur Shlain, 22, 23, farra nugraha, 22, ridhobadal, 23; Vecteezy/om1947, 10

Impreso en India

CAPÍTULO UNO

¿Por qué se llaman tiburones mako?

¡Por sus dientes! Mako significa "diente de tiburón" en el idioma **Māorí**. Los tiburones mako tienen muchos dientes afilados. ¡Incluso se les pueden ver los dientes cuando tienen la boca cerrada! Un tiburón mako es azul en la parte superior y blanco en la inferior. Nada más rápido que cualquier otro tiburón.

¿SABÍAS QUE...?

A los tiburones les crecen dientes nuevos a lo largo de su vida. Si pierden uno, les crecerá uno nuevo.

El tiburón mako es un gran cazador.

¿Qué tan veloz es un tiburón mako?

¡Muy veloz! El tiburón mako es el tiburón más veloz del mundo. Puede nadar hasta 45 millas (72 kilómetros) por hora. Tiene **escamas** especiales que lo ayudan a nadar rápido. Las escamas están muy juntas y ayudan al tiburón a moverse a través del agua.

TIBURONES MAKO: ¡ATLETAS DEL OCÉANO!

Nadador de distancia:
2,000 millas (3,129 km) en un año

El tiburón más veloz:
hasta 45 mph (72 km/h)

Saltador de altura:
hasta 20 pies (6 metros)

Un tiburón mako salta fuera del agua cuando caza.

Los tiburones mako de aleta corta son más rápidos que los mako de aleta larga.

Los tiburones mako de aleta larga son raros y difíciles de encontrar.

¿Qué tan grande es un tiburón mako?

Pueden medir hasta 14 pies (4.3 m) de largo. Hay dos tipos de tiburones mako: el mako de aleta corta y el mako de aleta larga. El mako de aleta larga tiene aletas más largas y un cuerpo más delgado. El mako de aleta corta es más común.

CAPÍTULO DOS

¿Puedo nadar con uno?

¡No es recomendable! Los tiburones mako viven en aguas cálidas y profundas. No nadan cerca de la costa. Pero ten cuidado. Es un tiburón **feroz** con el que no querrás encontrarte. ¡Podría pensar que estás allí para ser su almuerzo!

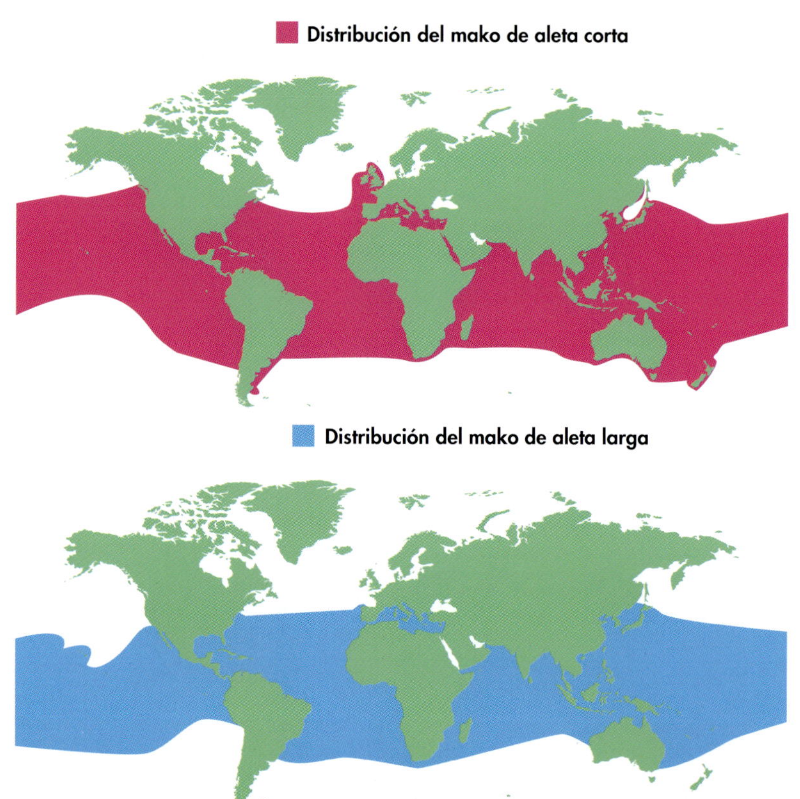

Los makos suelen nadar largas distancias a través de los océanos.

Los tiburones mako tienen muchos dientes afilados como cuchillas.

¿Cómo cazan los tiburones mako?

Los tiburones mako son grandes cazadores. Nadan muchas millas (kilómetros) para encontrar alimento. Tienen buena vista. Pueden percibir los movimientos de otros peces. Un tiburón mako puede saltar hasta 20 pies (6 m) fuera del agua cuando persigue a una **presa**.

¿Qué comen los tiburones mako?

Los makos se encuentran en la cima de la **cadena alimentaria** del océano.

El tiburón mako se alimenta de cualquier cosa que nade. Come calamares, bancos de peces e incluso otros tiburones. A veces come tortugas marinas. Utiliza sus dientes largos y afilados para atrapar y comer a sus presas.

¿QUÉ HAY EN EL MENÚ?

Los dientes del tiburón mako son como anzuelos. Atrapan a la presa para que no pueda escapar.

CAPÍTULO TRES

¿Cómo nacen las crías de tiburón mako?

Las crías de tiburón mako crecen en el cuerpo de su madre durante un año y medio antes de nacer. Nacen en grupos de cuatro a seis. Las crías miden unos 2 pies (0.6 m) de largo al nacer. Este gran tamaño las ayuda a **sobrevivir**.

A un tiburón mako bebé
se lo conoce como cría.

¿Los tiburones mako nadan juntos?

Un tiburón mako podría nadar con otro tiburón si hay mucha comida alrededor.

En realidad, no. A los tiburones mako les gusta nadar y cazar solos. Nadan largas distancias para encontrar peces para comer. Los makos pueden nadar hasta 90 millas (145 km) por día. Por lo general, solo nadan juntos en primavera o en otoño para **aparearse**.

Los makos pueden vivir hasta 30 años en estado salvaje.

¿Los tiburones mako están en peligro de extinción?

¿SABÍAS QUE...?
Desde 2022, es ilegal que los pescadores estadounidenses capturen tiburones mako en el Océano Atlántico.

Sí. Los makos están amenazados por la sobrepesca. A muchas personas les gusta su carne. Sus aletas se utilizan para hacer sopa. Los tiburones mako también son capturados por accidente en las grandes redes de los barcos pesqueros. Esto hace que su número disminuya.

HAZ MÁS PREGUNTAS

¿Qué tienen de especial los dientes del tiburón mako?

¿Qué otros tiburones nadan rápido?

Prueba con una PREGUNTA GRANDE: ¿Cómo pueden los humanos proteger a los tiburones mako?

BUSCA LAS RESPUESTAS

Busca en el catálogo de la biblioteca o en Internet.
Pueden ayudarte tus padres, un bibliotecario o un maestro.

Usar palabras clave
Busca la lupa.

Las palabras clave son las palabras más importantes de tu pregunta.

¿

Si quieres saber sobre:

- dónde encontrar tiburones mako, escribe: OCÉANOS DE LOS TIBURONES MAKO
- qué tiburones nadan más rápido, escribe: TIBURONES VELOCES

GLOSARIO

aparearse Unirse en pareja para procrear.

cadena alimentaria Una serie de plantas y animales en la que cada uno utiliza al siguiente de la serie como fuente de alimento.

escama Una placa pequeña, rígida y plana que se encuentra en la piel de un pez.

feroz Extremadamente salvaje o violento.

Māorí El pueblo indígena de Nueva Zelanda.

presa Un animal que es cazado por otro animal para alimentarse.

sobrevivir Continuar viviendo a pesar de las amenazas a la propia vida.

ÍNDICE

Acerca de la autora

Debra Randorf vive y trabaja en Minneapolis, Minnesota. Es tan curiosa que va a la biblioteca al menos una vez por semana.